La dette, une solution face à la crise planétaire ?

Collection *Monde en cours*

Série *La petite boîte à outils*
dirigée par Laurent Cohen et Jean Viard

www.editionsdelaube.com

ISBN 978-2-8159-5111-1

Dorian Simon
Michael Vincent

La dette, une solution face à la crise planétaire ?

Devenir monétaire et potentialités écologiques

éditions de l'aube
fondation jean-jaurès

Michael Vincent est économiste, spécialisé dans la finance et le milieu bancaire. Après des débuts à la City de Londres, qu'il raconte dans l'essai *Le banquier et le citoyen* (Fondation Jean-Jaurès, 2019), Michael Vincent travaille sur les questions de stabilité financière, enseigne les crises et la régulation financière à la Sorbonne, et s'engage pour les réformes économiques nécessaires à la transition écologique et solidaire avec l'ONG Greentervention et en tant qu'expert de la Fondation Jean-Jaurès.

Dorian Simon est un étudiant curieux, passionné des connaissances économiques et financières. Observateur des dynamiques monétaires, il est spécialiste des marchés interbancaires et des taux d'intérêt.

« Il n'y a pas d'argent magique », « une dette, ça se rembourse »... Alors que la dette publique a largement été sacrifiée sur l'autel du « quoi qu'il en coûte » budgétaire, nécessaire face aux confinements et à la situation sanitaire, certaines et certains proposent un retour rapide à la rigueur budgétaire, parce que la crise du Covid-19 nous aurait fait « cramer la caisse » et que l'inflation est de retour. D'autres suggèrent de faire annuler une partie de la dette publique, celle détenue par la Banque centrale européenne. Et d'autres encore refusent de voir dans la dette publique un problème qu'il faudrait régler, soit par l'austérité, soit par l'annulation. L'existence d'un niveau de dette publique insoutenable n'a qu'une base empirique floue, tant les niveaux historiquement élevés de la dette publique américaine ou japonaise par exemple, bien au-dessus des 60 % lorsque le niveau est rapporté au PIB comme le prônent les traités européens, ne semblent pas poser de problèmes. En zone euro, le niveau moyen du ratio dette/PIB fin 2021 dépasse les 100 %, alors que de nombreux pays n'ont jamais rencontré autant de facilité à emprunter, situation que l'on impute à la politique monétaire des banques centrales. Mais pendant que l'on se demande si la dette est soutenable, n'oublie-t-on pas que la dette est un instrument, un moyen, et non une fin, et qu'une autre soutenabilité mériterait notre attention : celle du vivant, de notre espèce, de notre environnement, et des défis géopolitiques et inflationnistes qui appellent à un autre modèle énergétique ?

Si les banques centrales ont toujours été des acteurs importants de nos économies, leur rôle est devenu incontournable au XXIe siècle, compte tenu de la proactivité des banquiers centraux à réagir aux crises, d'abord financières avec la crise des subprimes en 2008 mais aussi lors de la crise de l'euro, et économiques, lors des différents plans en réaction à la pandémie du Covid-19. Après une décennie de politique monétaire qualifiée de « non conventionnelle », et qui commence à ralentir devant la pression inflationniste, nous faisons les comptes de ce qui a changé pour la dette publique. Trop de dettes, pas assez de dettes, pour les marchés ce n'est pas toujours le débat. Cet essai a pour objectif de faire comprendre ces rouages et de dessiner la nouvelle donne monétaire qui en découle, alors même que la géopolitique est en train de redéfinir le système monétaire international, et ce afin de se poser la seule question qui vaille: celle de la création d'un monde en phase avec le vivant et les limites planétaires.

En politique, la dette publique est un moyen de financer des dépenses ou des investissements, ou une excuse pour réduire la dépense publique. Mais en finance, il existe un concept clé qui constitue un des rouages des marchés: la notion d'« actifs sûrs », aussi connue sous le nom d'« avoirs sûrs » ou de *safe assets*. On peut penser à l'or, souvent valeur refuge, ou à l'investissement dans la pierre pour le commun des mortels. Des actifs dont la liquidité est la plupart du temps bonne voire excellente, c'est-à-dire qu'il est très aisé d'acheter ou de vendre de tels actifs c'est d'ailleurs pour cela que dans le langage courant on parle d'« argent liquide » pour les pièces et les billets. Des actifs « sûrs » car peu risqués dans la mesure où leur volatilité est faible et leur valeur généralement plus stable même lorsque les marchés sont un peu tumultueux. Lorsqu'un État « fait » de la dette publique, il émet une obligation instrument financier correspondant à une créance. Et les créances des pays les plus développés Allemagne, Royaume-Uni, États-Unis, France… sont utilisées comme des *safe assets*. Ces actifs sûrs constituent pour les marchés une sorte de monnaie d'échange, utile pour garantir certaines positions plus risquées, de la même manière qu'un bijou en or ou un iPhone en bon état peut constituer une garantie dans la vie de tous les jours, tant il est simple de les échanger contre du cash à un prêteur sur gage ou sur Leboncoin.

Bien entendu, le sujet est éminemment complexe, et notre démarche n'est pas de proposer un précis d'économie monétaire et financière, mais bien de rendre le sujet accessible pour le politiser et bien en mesurer les enjeux. Cette vulgarisation se fera donc au prix de quelques simplifications ou analogies et ne nous permettra pas d'être exhaustifs mais cela au bénéfice de la compréhension générale et sans jamais trahir la vérité des mécanismes financiers. Pour celles et ceux qui voudraient aller plus loin, nous proposons quelques pistes et références, ainsi qu'une note plus technique explicitant les raccourcis parfois sacrifiés sur l'autel de la simplification, disponible sur internet à l'adresse indiquée la fin de cet ouvrage. Ce *disclaimer* étant fait, allons-y !

Tous égaux devant la monnaie ?

Commençons par nous demander ce qui peut constituer une monnaie. Si, bien évidemment, on pense tout de suite aux pièces et aux billets, ou de plus en plus à notre compte en banque et à la possibilité de payer avec une carte bancaire ou avec son smartphone, la monnaie ne s'arrête pas là. Retournons un instant en enfance : selon votre génération, les billes, les Pog ou autres cartes Pokémon ne constituaient-ils pas déjà nos premières monnaies ? Cet « argent improvisé » était disponible en abondance, avait de la valeur à nos yeux et permettait de procéder au troc à la sortie de l'école ou dans la cour de récré.

Adultes, on s'imagine parfois la Banque centrale comme l'institution publique protégeant notre or, imprimant les billets et forgeant nos pièces qui n'a jamais entendu la fameuse expression de la « planche à billets », associée au fantasme d'une création monétaire liée à l'impression et à l'injection dans l'économie d'argent frais ? En pratique, c'est marginal : l'essentiel de la création monétaire des pays développés se fait en suivant le principe connu sous l'expression : « les crédits font les dépôts ». La création monétaire est pour l'essentiel privatisée et cette fonction est déléguée aux banques commerciales. Par simple opération comptable, les banques ajoutent à la masse monétaire l'argent nécessaire pour honorer un emprunt (et le détruisent à maturité de l'emprunt). C'est ce qu'on appelle la monnaie-dépôt : si j'emprunte 200 000 €

pour l'achat d'un petit appartement, et qu'une banque m'accorde ce prêt, elle ne va pas chercher 200 000 € dans ses coffres, ou encore moins demander à Christine Lagarde d'imprimer 2 000 billets de 100 €. Elle va simplement ajouter informatiquement 200 000 € au total des euros en circulation, augmentant d'autant la masse monétaire. Contrairement à une autre idée reçue donc, ce ne sont pas les dépôts qui font les crédits, mais bien l'inverse.

On entrevoit ici une notion importante : il existe plusieurs types de monnaie, que les économistes répartissent en catégories allant de M0 à M3 (pour *monetary mass*) selon le degré d'abstraction. Nous en proposons ici une description quelque peu simplifiée. La monnaie fiduciaire les pièces et les billets est probablement la première à laquelle on pense. C'est aussi, en volume, la plus anecdotique. Lorsque vous faites un transfert d'argent entre deux comptes courants, ou un achat sur internet, c'est de la monnaie scripturale, correspondant à une opération bancaire, et non des pièces et des billets des dépôts à vue que l'on utilise le plus souvent. La somme de ces dépôts bancaires et de la monnaie fiduciaire correspond à la monnaie M1. De la même manière, si l'on y ajoute les dépôts à court terme, c'est-à-dire l'argent de l'épargne « accessible » sans un long préavis dit « monnaie-dépôt », nous avons la masse monétaire dite M2. Les banques privées, par la formule « les crédits font les dépôts », agissent sur ces dépôts. Ils constituent l'essentiel de la monnaie telle qu'on l'utilise dans nos vies de tous les jours: le rapport entre monnaie scripturale et fiduciaire est supérieur à 9 pour 1.

Et pour les marchés, si l'on y ajoute les actifs sûrs décrits plus haut c'est-à-dire notamment la dette publique des États perçus comme les plus solides, nous obtenons la masse monétaire M4. Comment notre dette publique est-elle devenue la carte Pokémon la plus en vue de la cour de récré que sont les bourses mondiales ?

La valeur de l'argent : un peu d'histoire…

Pour comprendre la nature et les implications du système monétaire actuel, dit « argent-dette », il nous est nécessaire de revenir en 1944, lorsque les accords de Bretton Woods organisent le système monétaire international autour d'une monnaie, le dollar américain, confirmant l'usage pratique jusqu'alors, dans lequel le commerce international se faisait déjà essentiellement en dollar.

Le dollar avait encore à ce moment-là un rattachement nominal à l'or – il était donc possible pour les détenteurs de dollar de demander aux États-Unis une conversion en or. Les États-Unis, devenant de plus en plus déficitaires, et ayant peur de voir leur stock d'or disparaître en cas de doute sur la valeur du billet vert, ont choisi de détacher l'or du dollar afin de le préserver. En rompant cette connexion en 1971, le président Richard Nixon a, en pratique, substitué l'or à la dette américaine : ce n'est plus sur l'or que repose la confiance donnée au dollar, mais sur la politique des États-Unis, ses résultats économiques, sa politique budgétaire…, et donc notamment sa dette publique. On retrouve d'ailleurs sur le billet vert la phrase suivante : « *This note is legal tender for all debt public and private in the USA*[1]. »

La valeur d'une monnaie, ici le dollar, est indexée sur la dette de son souverain : alors que le dollar

1. Ce billet a cours légal pour toutes les dettes publiques et privées aux États-Unis.

était *as good as gold*, 1971 marque le tournant de la dette américaine vers *as good as cash*. Par transitivité, la dette publique est devenue dans les faits *as good as gold*. Au passage, cette décision aura déconnecté la masse monétaire et la quantité de dettes de toutes contraintes physiques ou limites planétaires.

Revenons aux banques. Pour accorder un prêt interbancaire, les banques ont besoin d'une garantie un *safe asset* qu'elles utiliseront en cas de défaut de l'emprunteur. Elles vont se tourner vers ces créances *as good as cash* de dette publique, accessibles en nombres et aussi solides que la parole des pays qui l'émettent. Cela signifie que la base de l'accumulation du capital principe moteur du capitalisme est la dette qui inspire le plus confiance et dont la forme la plus pure est la dette publique d'un pays développé, un club assez fermé dont font partie quelques pays privilégiés comme les États-Unis, l'Allemagne, le Japon, le Royaume-Uni et quelques autres dont, par chance, la France. Augmenter la dette publique, c'est aussi augmenter le nombre de « billets » dans une partie de Monopoly. Parfois même, cette monnaie est tellement attractive qu'elle coûte de l'argent (à l'été 2021, plus de 17 000 milliards de ces créances avaient un rendement négatif, encore plus si on compte aussi la dette avec des taux proches de zéro).

Les actifs sûrs, c'est la garantie de confiance pour qu'une banque prête à une autre. Imaginez-vous prêter à quelqu'un que vous ne connaissez pas ? Une personne fournira en garantie de l'emprunt une maison en plein centre de Paris, tandis qu'une autre proposera une bicoque dans la diagonale du vide. En cas de défaut, quelle maison préféreriez-vous obtenir pour espérer la revendre facilement et récupérer votre argent ?

Probablement celle qui présente la meilleure « liquidité ». Pour les banques, c'est la même chose, et le comportement des prêteurs est fonction, comme disait John Maynard Keynes[1], de leur « préférence pour la liquidité », à savoir leur appétit pour des actifs plutôt sécurisés, ou l'inverse. Si les banques possédaient suffisamment d'actifs sûrs, elles auraient une préférence pour la liquidité plus faible, elles seraient donc plus à même de prendre un risque afin d'obtenir un rendement. Inversement, s'il n'y avait pas assez d'actifs sûrs, les banques souhaiteraient prendre moins de risque, et en résulterait une préférence plus forte pour la liquidité. C'est le principe de diversification du bon gestionnaire : un équilibre à trouver entre les actifs

1. John Menard Keynes, *Théorie générale de l'emploi, de l'intérêt et de la monnaie* [1936], Lausanne, Payot, 1942.

sûrs qui ne rapportent pas beaucoup mais servent de garantie pour les mauvais jours, et des actifs plus risqués afin d'espérer obtenir un peu de rendement.

Si les banques prennent des risques, les emprunteurs investisseurs, entreprises… pourront en faire autant. Lorsque ce comportement prévaut, le marché est dit « risk-on » : les taux montent car la demande d'actifs sûrs est faible. Inversement, lorsque les banques ne prennent plus de risque, les emprunteurs n'en prennent plus eux aussi, et le marché est dit « risk-off » : les taux baissent car la demande d'actifs sûrs est plus forte. De la considération que les banques ont envers une dette sur sa liquidité dépend la nature du risque que les banques sont prêtes à accepter.

Si, pour accorder un prêt, une banque accepte une dette d'entreprise indonésienne en contrepartie – considérée comme risquée tant par la nature de l'emprunteur (un entrepreneur plutôt qu'une institution publique) que par son pays d'origine (ici, un pays en développement) –, cela indique un marché liquide où il sera plus simple pour les investisseurs d'obtenir des prêts bancaires. En revanche, si la banque exige en contrepartie une dette d'état américaine, comme le Treasury Bill à trois mois américain – considéré comme ultra-sûr –, il sera plus difficile d'obtenir des prêts, car ces actifs sûrs sont disponibles en nombre limité.

Quand les marchés et les banques ont confiance, même le secteur privé peut émettre de la dette considérée comme un *safe asset*. Toutefois, en période « risk-off », ces créances peuvent soudainement perdre ce statut, ce qui n'est pas sans poser problème mais permet de révéler les véritables *safe assets*. Les périodes de crises financières que nous connaissons depuis 1971 sont rythmées par cette préférence pour la liquidité dans le choix des collatéraux acceptés par les banques. Chaque crise, de la « Tequila » en Amérique latine dans les années 1980, jusqu'aux subprimes, a ébranlé le système d'argent-dette en forçant les banques à trouver de nouvelles sources d'actifs sûrs. Entre 2002 et 2008 par exemple, les *safe assets* en vogue étaient les *Mortgage-backed securities* (MBS), des titres regroupant des crédits immobiliers allant de l'emprunteur le plus solvable au moins solvable un moyen d'allier rendements et sécurité pour l'investisseur –, et souvent notés AAA. Leur succès et leur supposée sécurité en ont fait des collatéraux idéaux pour accompagner la création de dollars à l'échelle locale, mais aussi mondiale.

Tant que la valeur de ces MBS se maintient, ils sont utilisables pour obtenir un prêt permettant d'acheter d'autres actifs. C'est aussi l'une des alchimies risquées de la crise des subprimes, où cette création d'actifs « sûrs » on sait qu'ils ne l'étaient pas vraiment revenait à une sorte de création monétaire destinée aux investisseurs qui ont besoin de tels actifs, sans limite et par le privé. À l'inverse, si la valeur du MBS diminue, le coût de l'emprunt augmente, forçant à vendre des actifs, parfois rapidement et donc à perte. C'est bien ce qui est arrivé avec la crise des subprimes : en perturbant la liquidité du marché immobilier américain, c'est la création de la monnaie de réserve qui fut perturbée. Comme la base monétaire est le *safe asset*, et que cette base monétaire est le déterminant de l'accumulation de capital, il serait peut-être plus juste de parler de *safe asset capitalism*, dont les crises se matérialisent toujours sous forme monétaire.

Le dollar : pour le monde, une monnaie commune ; pour les États-Unis, un problème naissant

La crise des subprimes a donc aussi été une nouvelle crise du dollar. La fin de Bretton Woods ne s'était déjà pas faite sans heurt pour les utilisateurs non américains de la monnaie : de la décision de Nixon s'était ensuivie une forte volatilité du dollar. Mais le dollar étant finalement notre monnaie à tous la monnaie des échanges internationaux et la valeur refuge par excellence, cette volatilité n'était pas du goût de tout le monde. Ce saut dans l'inconnu a bien évidemment créé quelques mouvements erratiques de parité. Perturbée, l'Europe a envoyé une délégation de diplomates pour se plaindre auprès de John Connally, le secrétaire d'État du Trésor de Nixon. Et à Connally de répondre : « Le dollar est notre monnaie, mais c'est votre problème », niant la dimension internationale de la monnaie américaine.

Avant que la crise des subprimes n'éclate, une scène similaire s'est produite, lorsqu'une délégation de députés européens a rendu visite à ses homologues américains du Congrès pour écouter l'audition de Ben Bernanke, président de la FED, alors que le marché de l'immobilier américain commençait largement à battre de l'aile. Avec la financiarisation des subprimes, et l'exposition des banques européennes sur ces marchés, certains Européens s'inquiétaient de l'impact international du problème. Mais pour les Américains, cette dimension internationale n'existait pas. Ils minimisèrent.[1]

Non seulement la dimension internationale ne fait aucun doute tant les marchés sont interconnectés, mais la crise de 2008 a provoqué une pénurie d'actifs sûrs dans la tuyauterie financière mondiale. Et cela a aussi brisé la confiance entre les banques. Chaque banquier pense individuellement : « Si le banquier d'en face gère sa banque comme je gère la mienne, je ferais mieux de demander un collatéral le plus liquide possible pour éviter les problèmes. » Ce besoin de garantir le risque de contrepartie, c'est-à-dire le risque que la banque d'en face, ma contrepartie, fasse défaut avant le terme de mon contrat, est la grille de lecture

1. Voir Michael Vincent, *Le banquier et le citoyen*, Paris, Fondation Jean-Jaurès, 2019, p. 43.

la plus importante pour comprendre la dynamique financière depuis les subprimes.

Jusqu'alors, ces banques aussi étaient considérées comme « sûres », et si certaines l'étaient moins que d'autres, la liquidité du marché devait permettre de se défaire d'une position plus risquée, ou bien les pouvoirs publics devaient intervenir car leurs liens avec l'économie réelle, tels que l'épargne des citoyennes et des citoyens ou le financement des entreprises, étaient trop importants. D'un côté, les gouvernements ont fourni une assurance plus ou moins gratuite aux grands établissements bancaires, puis les banques centrales ont pris le relais en garantissant la liquidité des marchés et en se portant comme prêteurs de derniers recours, réparant les excès de Wall Street et ne donnant donc aucune incitation à un changement de comportement, encourageant de fait l'Ancien Monde plutôt que la création d'une alternative. Depuis, c'est plus d'une décennie de politique monétaire non conventionnelle qui est devenue très banale.

C'est aussi ce qui explique en grande partie les réactions institutionnelles, tant du point de vue de la régulation bancaire notamment les réformes prudentielles dites « Bâle III », censées protéger les banques contre les chocs de marché, que de la politique monétaire l'action des banquiers centraux sur laquelle nous reviendrons plus en détail. Le problème clé de cette crise est la confiance entre les banques. La réponse fut de transformer le risque de contrepartie en risque de liquidité, notamment en exigeant des banques qu'elles utilisent des dettes d'état comme garantie afin d'obtenir un refinancement, et en tant que réserves pour couvrir de potentielles périodes de stress : s'il arrivait pour des banques de faire usage de ces *safe assets*, la régulation rend cela désormais obligatoire, et la dette publique et d'autres actifs sûrs sont devenus une véritable assurance vie. À ce titre, le bilan comptable de la banque J.P.Morgan, la plus grosse banque américaine, était surnommé « le bilan forteresse[1] » en 2013.

Les transactions interbancaires, dorénavant sécurisées pour plus de 80 % d'entre elles[2], s'effectuent sur le *repo market*, un marché où les acteurs financiers peuvent déposer un

1. Voir l'article du *Financial Times*, « JPMorgan to boost "fortress" balance sheet », T. Braithwaite, T. Alloway et S. Nasiripour, 8 mars 2013 : <https://www.ft.com/content/75a18136-880b-11e2-8e3c-00144feabdc0> ou encore les explications d'Alliance : <https://alliancewealthadvisors.com/the-fortress-balance-sheet/>.

2. Cf. la Commission européenne : <https://ec.europa.eu/info/business-economy-euro/banking-and-finance/financial-markets/post-trade-services/securities-financing-transactions-sfts_en>.

collatéral pour emprunter du cash à très court terme, souvent 24 heures, au taux le plus bas. Un marché d'une taille d'environ 3 000 milliards de dollars en volume, où s'échange quotidiennement un tiers de ce volume. Un marché qui se concentre essentiellement sur les quatre plus grandes banques américaines comme l'explique La BRI[1], la banque centrale des banques centrales, alors même qu'elles concentrent 40 % des dettes publiques américaines. Cela implique que ces grosses banques ne feront faillite que si les États font faillite, tant elles ont accumulé de titres. Un phénomène qui contribue à renforcer à travers le temps le rapport de force entre les banques,

1. Fernando Avalos, Torsten Ehlers et Egemen Eren, « September Stress in Dollar Repo Markets », *BIS Quarterly Review*, 8 décembre 2019 : <https://www.bis.org/publ/qtrpdf/r_qt1912v.htm>.

face aux États, au détriment de l'économie réelle, et ultimement, des limites planétaires. Une codépendance appelée « nexus banque/État » qui ne faiblit pas.

Un péché originel ?

La racine du problème doit aussi être cherchée dans le cœur du système monétaire international, un système dit « eurodollars ». L'appellation désigne les dépôts en dollars détenus par des banques non américaines. Ces dépôts sont créés via un marché interbancaire *offshore*, où les participants sont des banques pour l'essentiel européennes et japonaises.

Depuis 1971, les banques ont créé des dollars *offshore* basés exclusivement sur leur confiance envers les collatéraux émis. En accordant des prêts, les banques permettent l'investissement à l'échelle mondiale, et donc les échanges commerciaux de biens, de services et de capitaux. C'est pourquoi la mondialisation que nous avons connue depuis cette époque était basée sur l'expansion de crédit des banques sur les eurodollars, afin de financer le crédit utile au commerce international. Imaginez une banque américaine prêtant des dollars à une banque européenne. Cette banque va réinjecter cet argent dans une entreprise locale qui a besoin de dollars pour payer son pétrole par exemple, le dollar étant la monnaie privilégiée pour ce type d'échanges. Ce surplus de dollar pour le raffineur qui aura vendu du pétrole finira en placement, en actifs ou en dettes américaines. Permettre aux banques étrangères de créer des dollars, c'était, en finalité, réorienter les achats des pays excédentaires en dollars vers des actifs américains. Donc de la dette d'état, *as good as gold*.

Cette pratique était très populaire : en effet, si pour les banques, « les crédits font les dépôts », c'est-à-dire qu'elles n'ont pas besoin de financer un nouveau prêt avec un dépôt correspondant, rien ne les empêche de le faire quand même, et donc de faire fructifier les dépôts non valorisés. En récoltant de l'épargne et en accordant des crédits gagés sur cette épargne, les banques et d'autres institutionnels des marchés peuvent s'engager dans des crédits à long terme et provisionnent quelques réserves afin de couvrir d'éventuels retraits de dépôts. À partir des années 1970, les entreprises les plus prolifiques se sont retrouvées avec un surplus de cash qu'il fallait faire fructifier. Le choix « rationnel » fut de prêter cet excédent de trésorerie contre rendements. Les banques, en réponse à ce flux de cash frais, ont organisé le marché des eurodollars (dollars créés *offshore*) afin de faire circuler ces dépôts dans le monde entier.

Les eurodollars ont permis de financer le déficit des États-Unis pendant toutes ces années. Toutefois, permettre une création monétaire *offshore* dérégulée s'est fait au détriment d'une perte de contrôle de la monnaie pour la FED, et au risque pour les banques de devenir insolvables faute de réserves suffisantes. Les banques, prenant confiance et suivant un comportement « risk-on », acceptaient de plus en plus de collatéraux de moindre qualité, courant des risques de crédit potentiellement dévastateurs.

Cette prise de risque eut des conséquences désastreuses en 2008, en léguant des crédits insolvables financés par des dettes irrécouvrables. Les banques françaises affichaient alors environ 500 milliards de passifs suite à leurs activités offshores, les banques allemandes et irlandaises environ 200 milliards, quand les britanniques totalisaient environ 300 milliards. Pour combler les trous béants dans la raquette, les banques européennes ont dû massivement acheter des emprunts d'États pour accéder à un refinancement, pour assurer la sécurité des règlements d'une part, mais aussi simplement car les états étaient les seuls à être demandeurs d'emprunts et émetteurs de *safe assets* dans cette période d'incertitude.

Chaque prêteur ayant besoin d'un emprunteur, si les emprunteurs manquent à l'appel, les prêteurs ne parviennent plus à réaliser leur rendement habituel et thésaurisent. Quant aux emprunteurs, forcés à rembourser les dettes existantes face au choc structurel, ils se retrouvent à vendre leurs actifs, ce qui fait baisser les prix. Dans cette situation, l'état est alors considéré comme « l'emprunteur en dernier ressort ».

Si le secteur public a réussi à éviter la faillite des banques, il n'a jamais réellement réglé le problème des eurodollars. Depuis 2008, les banques n'augmentent plus leurs bilans sur ce marché. C'est pourquoi le commerce international a stagné en volume sur la décennie. Le dollar a nettement monté en valeur, les taux ont chuté, la mondialisation s'est stabilisée. La pénurie de *safe assets* est la conséquence directe de cette « cassure » fondamentale du système monétaire.

Cela n'est pas sans conséquence lorsque l'on considère la dimension écologique. Le défi climatique, et plus particulièrement sa dimension énergétique, est amplifié par cette cassure. En effet, le dollar a, de par son rôle fondamental dans les échanges, une influence très directe sur le prix des matières premières, qui sont pour la plupart cotées en dollar. Notamment, la hausse du dollar peut faire baisser le prix de ces dernières. Bien que cette aubaine puisse sembler intéressante, nous observons un effet pervers autant pour la productivité que d'un point de vue social, qui pousse à la surexploitation des ressources et donc à leur épuisement d'un côté, puis nous expose à une brutale hausse des prix lors de la reprise du commerce international, comme l'a prouvé la période de relâchement des restrictions liées au Covid-19 depuis septembre 2021, encore amplifiée par le conflit ukrainien déclenché par la Russie.

À chaque fois, les réponses qui sont données nous enferment encore un peu plus dans l'inertie de ce système, balancier mortifère où l'on espère que demain ressemblera à hier, plutôt que d'en préparer la sortie, préférant le productivisme et l'exploitation à la transition vers un système plus soutenable, prospère et indépendant, dans le respect des limites de la planète. Mais la pénurie de *safe assets*, l'arrêt du commerce international et l'empressement de sa reprise, la crise de confiance qui menace nos sociétés et le désastre écologique annoncé sont les symptômes du même problème. Nous sommes forcés de constater que notre système monétaire international n'oriente pas les flux vers les investissements nécessaires, mais s'enferme toujours un peu plus dans ses codépendances : productivisme, nexus états/banques, exploitation et logique extractive jusqu'à épuisement de nos ressources. Cette situation pourrait même empirer sans réforme du système monétaire international actuel, puisque l'émergence d'un bloc à l'Est, cherchant à se détourner du dollar et des Occidentaux, s'accélère à l'occasion du conflit ukrainien. Un bloc qui reposera essentiellement sur l'extraction des ressources[1] afin de s'assurer une solidité économique…, au détriment de la planète.

---

1. Lire à ce sujet les propos de Pozsar Zoltan, « Money, Commodities, and Bretton Woods III », Credit Suisse Group AG, 31 mars 2022.

La mutation du système post-2008

Le système bancaire a profondément muté et ne ressemble plus aux descriptions des manuels d'économie. L'émergence des *non-banks*, terme qui désigne aujourd'hui celles que l'on appelait encore il y a peu les « *shadow banks* », a modifié la fonction de la dette publique comme créance échangée sur les marchés financiers. Pour le comprendre, revenons au rôle fondamental d'une banque. Son objectif est de financer des prêts à long terme par des dépôts à court terme, c'est une transformation de maturité. En faisant cela, elle endosse un risque de crédit. Elle souhaite donc posséder des crédits de bonne qualité, considérés comme suffisamment « sûrs », afin de prêter à un emprunteur plus risqué, et ce afin d'empocher un rendement, la prime de risque. C'est une transformation de crédit.

Lors de la crise de confiance de 2008, les difficultés des banques les ont poussées à cesser de prêter aussi largement à cause du risque de défaut de ses contreparties. Pour contrer cet effet, la prise de risque fut adossée sur ce que l'on nomme les *non-banks*: des instituts financiers qui s'engagent dans des activités bancaires, sans en être. Ce terme peut désigner des fonds spéculatifs, des fonds de pension, des fonds monétaires ou de *private equity*… Leurs activités sont les mêmes que les banques: la transformation de maturité, de crédit et de liquidité. À deux exceptions près: ces « non-banks » ne sont pas des banques en ce qu'elles n'ont pas besoin de licence bancaire, ce qui leur permet d'être moins régulées que les banques elles bénéficient donc d'un arbitrage réglementaire en leur faveur. En contrepartie, elles ne peuvent pas créer de la monnaie selon la formule « les crédits font les dépôts » et n'ont pas accès à la monnaie des banques centrales, exclusives… aux banques. Deux différences non sans conséquences.

Perry Mehrling[1] désigne le *shadow banking* comme « le financement par les marchés monétaires des prêts sur le marché des capitaux ». Cela signifie que ces acteurs financiers accordent des prêts à moyen ou long terme, et se financent non pas par des dépôts, mais par des dettes sous forme d'obligations utilisées

1. Créateur du courant de la *money view* aux États-Unis, professeur d'économie à la Pardee School of Global Studies (université de Boston) et spécialisé en finance et histoire de l'économie.

en collatéral à court terme. En pratique, pour le cas d'un *hedge fund* par exemple, cela revient à acheter de la dette d'entreprise sous forme d'obligation et à l'échanger, contre une compensation, par une dette d'État. Ces *non-banks* peuvent facilement emprunter le cash qu'elles ne peuvent pas créer grâce aux obligations correspondant à la dette d'état, en l'utilisant comme *safe asset* sur le marché du repo.

C'est ainsi que ces acteurs obtiennent du liquide pour acheter des actifs. Ce processus dit « de transformation de collatéral » montre que le coût réel du crédit n'est plus tellement le taux d'intérêt de manière absolue, mais plutôt l'écart de taux entre la dette d'entreprises et la dette publique. C'est une création monétaire privée, basée sur de la monnaie publique. Après tout, comme le résume parfaitement Michel Aglietta, « c'est la dette du souverain qui permet l'endettement privé ». Ces dettes peuvent même être réhypothéquées, c'est-à-dire utilisables par plusieurs entités en même temps sur ce marché du repo, formant une chaîne de collatéraux. En pratique, cela veut dire qu'une même créance publique peut être utilisée plusieurs fois en même temps pour obtenir du cash, démultipliant les possibilités..., et l'attrait pour ces dettes publiques.

Investisseur, si pour emprunter à la banque, vous utilisez une créance de dette publique en garantie, cette même garantie sera utilisée par la banque pour emprunter du cash à une autre banque, qui répétera l'opération elle-même. Plus la chaîne de collatéral s'allonge, plus le coût du crédit est faible, et inversement. La création monétaire moderne est une création par les titres. Moins de titres, c'est donc mécaniquement moins de monnaie. On entrevoit une fois encore une illustration de la déconnexion de ces mécanismes financiers de la moindre limite ou contrainte physique, encore moins planétaire. C'est une logique qui naturellement enclenche une fuite en avant poussant à la croissance sans boussole, à l'économie extractive, de la recherche du rendement immédiat.

Le problème de ces chaînes de collatéraux est que cela forme ce que plusieurs analystes ont nommé de « la monnaie fantôme », impossible à quantifier ou à observer. Ce *shadow banking* a, dans les faits, permis de rendre liquides les dettes sous forme obligataire, et de les utiliser comme monnaie, en assurant les risques inhérents de cette intermédiation. La grande différence est que le risque était auparavant détenu dans le bilan individuel d'une banque. Il est maintenant partagé par une multitude d'acteurs, dont l'assurance vie est la liquidité du *safe asset* notre dette publique, qui rend possibles leurs activités d'intermédiation. N'appartenant plus à quelques-uns mais à beaucoup d'investisseurs, donc à personne, « le capital est un rapport social », pour paraphraser Marx.

Cette mutation a transformé le multiplicateur monétaire en multiplicateur de collatéral. C'est la vitesse et le nombre d'entités ayant accès au collatéral qui déterminent le crédit total des acteurs. Et ce multiplicateur peut aller jusqu'à 11, selon les régions et le type de collatéral[1]. Une réduction de ce multiplicateur entraîne un cycle de *debtflation*, un cycle où les dettes valent plus chères à mesure que les actifs perdent de la valeur. Ce cycle induit une panique bancaire moderne, un *fly to quality*. Les paniques bancaires ne sont plus

1. Sebastian Infante et Zack Saravay, « What Drives U.S. Treasury Re-use ? », *Finance and Economics Discussion Series*, 2020 : <https://doi.org/10.17016/FEDS.2020.103>.

dorénavant des retraits de dépôts des banques. Ce sont des fuites vers la qualité et, en l'occurrence, vers la base de l'architecture monétaire : le *safe asset*.

Alan Greenspan, ancien président de la FED, déclara dans une réunion du FOMC[1] : « Nous ne pouvons pas identifier avec notre base de données ce qu'est une vraie monnaie conceptuellement, que ce soit pour une transaction ou une réserve de valeur. Une des raisons est que la prolifération de produits a été si extraordinaire que le vrai mix sous-jacent de monnaie est en changement perpétuel. Alors qu'au bout du compte, l'inflation doit être considérée comme un phénomène monétaire, baser la politique [monétaire] sur des mesures de la monnaie présuppose que nous

1. Le Federal Open Market Committee, organe de la FED chargé de la mise en place de la politique monétaire américaine.

pouvons localiser la monnaie. Et c'est devenu une proposition de plus en plus douteuse. »

Les banques centrales et les régulateurs ont-ils abandonné tout espoir d'agir, et même simplement de comprendre notre système, au profit du système bancaire ? La question se pose. Car si nous ne pouvons même plus quantifier la masse monétaire, comment agir dessus ?

S'il nous est impossible de quantifier la monnaie fantôme, nous pouvons en estimer les effets. La demande structurelle de *safe asset* en est un indicateur. Plus elle est forte, plus les marchés ont besoin de sécurité. En guise d'illustration, une étude de la FED intitulée « Supply of Sovereign Safe Assets and Global Interest Rates » a montré une relation forte entre les taux d'intérêt mondiaux et l'offre de *safe asset*. Si cela nous permet d'émettre de la dette publique attractive, il faut rapidement se demander comment agir à moyen terme pour que le monde n'appartienne pas aux *non-banks* grâce à une masse de dettes impossibles à quantifier ou à traquer et gagées sur la dette de nos souverains.

Les réformes structurelles

Cette « monnaie fantôme » n'est pas l'exclusivité du *shadow banking* mais est aussi indispensable pour les banques. Cela s'est d'ailleurs amplifié avec les réformes de la régulation financière, conséquences de la crise des subprimes.

Les réformes structurelles sur le milieu bancaire et financier post-2008 n'ont peut-être pas été à la hauteur, mais elles ne sont pas inexistantes pour autant. L'une des principales a pour ambition de réduire le volume de transactions non sécurisées, c'est-à-dire pour lesquelles il n'y a pas de collatéral adossé au contrat.

Puisque l'un des nœuds de la crise de 2008 était la confiance et le risque de contrepartie, les régulateurs ont imposé l'obligation de collatéraliser ces transactions, poussant encore la demande pour les *safe assets* qui seront acceptés par les chambres de compensation, garantes de la collecte de ces collatéraux.

Il est intéressant d'observer l'un des principaux effets de ces réformes : si l'on pouvait s'attendre (ou espérer) à ce que l'objectif numéro 1 de ces régulations soit de calmer les marchés, de baisser la volatilité ou de réduire la complexité des montages financiers[1], elles ont surtout amplifié structurellement la demande pour la dette publique. Cette nouvelle

1. Elle a d'ailleurs plutôt eu l'effet inverse de ce point de vue là – nous renvoyons le lecteur curieux d'en savoir plus au précédent ouvrage de Michael Vincent, *Le banquier et le citoyen*, 2019, *op. cit.*

demande a créé une nouvelle donne budgétaire pour les États : même avec des comptes publics pas franchement plus encourageants qu'avant 2008, leur dette part comme des petits pains.

En finance, et notamment lorsqu'il s'agit de risque financier, rien n'est gratuit. Ce mécanisme ne fait pas disparaître le risque de contrepartie : il le transforme simplement en risque de liquidité. La difficulté désormais n'est plus la capacité à un acteur de rembourser à terme, mais de pouvoir, au jour le jour, disposer de suffisamment de *safe assets* pour gérer ces flux et se refinancer sur le repo. Cela ne surprend donc pas de voir dans les nouveautés de la régulation prudentielle un volet « liquidité », dont le principal est une exigence en actifs sûrs. L'idée est de forcer les banques à détenir des réserves sous forme de cash et de collatéral pour couvrir trente jours de stress le *liquidity coverage ratio*, dit LCR et d'imposer une limite à leurs activités d'intermédiation par ce biais. Les banques sont donc tenues, par la régulation, de détenir des *safe assets*.

Si l'usage de *safe assets* est important pour le fonctionnement de la mécanique financière, l'émergence du *shadow banking* pour qui cet usage est crucial a amplifié cette demande. Les réformes de la réglementation Bâle III, notamment l'obligation pour les banques de détenir des dettes d'États et de collatéraliser le maximum de transactions, s'ajoutent aux raisons de l'augmentation de la demande en *safe assets*. Ces changements structurels dans le fonctionnement des marchés ont permis aux États des pays développés d'emprunter à des conditions très intéressantes. Cela pourrait dérailler, et c'est un risque en effet ; pourtant, malgré le risque du Grexit, malgré le Brexit, la pandémie mondiale ou la guerre en Ukraine, ce risque est resté contenu : c'est parce que cette nouvelle mécanique se conjugue avec la politique monétaire non conventionnelle permettant de contrôler un peu plus l'offre et la demande de ces dettes publiques.

Que fait la banque centrale, responsable de la politique monétaire, dans tout ça ?

Face à la crise de confiance bancaire et financière, les banques se tournent aussi vers la banque des banques : la Banque centrale, dont les mandats ont en commun la stabilité des prix et la stabilité financière.

Que ce soit par la création monétaire des banques commerciales, par la formule « les crédits font les dépôts » pour la monnaie destinée au commun des mortels, ou par l'émergence de l'intermédiation non bancaire, le *shadow banking* ou la « monnaie fantôme », on peut avoir l'impression que la puissance publique ne fait pas grand-chose pour contrôler la masse monétaire. Mais le rôle prégnant du privé n'empêche pas la Banque centrale d'exercer sa fameuse politique monétaire, et ainsi d'émettre de la monnaie. Déjà, l'émission de monnaie fiduciaire les pièces et les billets est l'exclusivité des banques centrales. De plus, et de la même manière que nous, simples mortels, avons des dépôts à la banque, les banques privées ont des dépôts à la Banque centrale. Ces dépôts sont appelés « réserves de banque centrale ». Ce type de monnaie est exclusif aux banques, et la somme de la monnaie fiduciaire et de ces réserves, toutes deux exclusivement contrôlées par la Banque centrale, correspondent à la catégorie M0. C'est le rôle conventionnel de la Banque centrale.

Mais depuis la crise des subprimes, les banquiers centraux ont pris un rôle de plus en plus actif, notamment en agissant sur ces réserves des banques centrales, mais aussi sur cette fameuse monnaie réservée aux banques, en créant de la monnaie pour racheter des actifs financiers. C'est ce qu'on appelle « l'assouplissement quantitatif », souvent appelé QE comme acronyme du terme en anglais *quantitative easing*. Cette opération désigne l'un des outils du banquier central avec lequel il rachète massivement de la dette publique ou d'autres créances, comme des obligations d'entreprises, afin d'injecter de l'argent dans les marchés. La BCE, par exemple, rachète aux banques et aux acteurs financiers ces obligations publiques ou privées. Et par massivement, nous entendons que les différents volets du QE ont totalisé depuis 2015 plus de 5 000 milliards d'euros. Notez en revanche qu'il ne s'agit pas d'une injection de monnaie M1 qui peut être utilisée par le commun des mortels, mais bien d'une réserve bancaire qui est destinée à rester essentiellement dans le circuit financier.

Le *quantitative easing* a pour but de retirer des *safe asset* du marché, ce qui a pour effet de les rendre plus rares et donc plus chers ce qui arrange les États qui émettent de la dette qui s'arrache comme des petits pains et à des conditions avantageuses, ainsi que d'inciter les acteurs financiers à prendre des risques en achetant des créances moins sûres ce qui arrange les autres États un peu moins bien lotis mais aussi certaines entreprises.

C'est aussi ce qui explique en partie pourquoi les écarts de crédits sont si faibles. Le QE est un swap d'actifs, qui échange une dette contre une réserve bancaire, encore plus sûre. Ces réserves sont utilisées par les banques pour se faire des règlements sur l'interbancaire, payer les dettes d'états nouvellement émises, et permettre d'être en règle avec les exigences de capitaux et d'actifs sûrs de la régulation bancaire, notamment le LCR mentionné plus haut. Les banques sont tenues, par la régulation, de détenir des *safe assets*, tandis que le *quantitative easing* en assèche les volumes disponibles. La politique monétaire et les régulations ont renforcé la pénurie structurelle de *safe assets*. Dans les faits, cela s'est traduit en zone euro par l'apparition d'une prime de rareté sur les dettes française et allemande.

Ces outils n'ont pas « réparé » notre système monétaire international cassé

Par nature, ces outils agissent sur les marchés financiers (pour le QE), et donc profitent aux plus grands[1], c'est-à-dire à ceux qui peuvent émettre de la dette sur les marchés, ou l'acheter, et sur les banques. Cette masse monétaire qui a gonflé, c'est

1. Même le FMI le dit: Sascha Buetzer, « Advancing the Monetary Policy Toolkit through Outright Transfers », 6 mai 2022: <https://www.imf.org/en/Publications/WP/Issues/2022/05/06/Advancing-the-Monetary-Policy-Toolkit-through-Outright-Transfers-517641>.

de la monnaie uniquement utilisable par ces acteurs. Pour le citoyen, il faut attendre que ces acteurs fassent le boulot. Attendre, oui, car ces outils pour l'essentiel n'ont pas, ou quasiment pas, de conditions. Il ne s'agit pas de réorienter le crédit, de réduire les inégalités causées par la crise des subprimes, ou de choisir d'encourager les créances des activités vertueuses au détriment des activités polluantes. Non. C'est un chèque en blanc pour éviter le pire : la menace d'une nouvelle crise financière est suffisante pour offrir ces largesses. Un chèque en blanc nécessaire, mais qui ne doit pas nous empêcher de penser aux réformes structurelles indispensables pour en sortir.

Cette plomberie implique que la politique monétaire telle que considérée actuellement est condamnée à être « pro-banque ». Et c'est probablement à cause des défaillances du canal bancaire que les banques centrales sont souvent incapables de réaliser leurs objectifs.

Cette politique nourrit une bulle qu'elle doit ensuite empêcher de faire éclater en la maintenant toujours plus grosse et amplifiant le *business as usual*. Celui-là même qui consacre l'exploitation des ressources, de la pollution de la planète, d'une trajectoire climat insoutenable, et de l'exploitation du vivant et de la biodiversité.

Nous avons déjà les deux pieds dans le pot de miel, si l'on peut dire. Pour en sortir, il faut d'abord que cette dette publique se convertisse en opportunité budgétaire au profit de tous, et c'est bien en finançant les investissements vers une économie plus résiliente et compatible avec les limites de la planète qu'on sortira par le haut d'une situation qui pourrait profiter à toutes et tous plutôt qu'à certains, puis qu'on s'attellera à la réparation de ce système, y compris avec le démantèlement de certaines de ces logiques et mécaniques.

L'un des freins, c'est aussi l'indépendance de la BCE, en ce qu'elle est toujours considérée vis-à-vis du politique et des gouvernements. Mais l'indépendance de la BCE vis-à-vis des banques et des marchés n'est-elle pas tout aussi, sinon plus, importante ? L'influence des marchés sur la politique monétaire des banques centrales est réelle, et ce, d'ailleurs, de leur propre aveu[1].

Cette politique monétaire agit d'abord sur les plus émetteurs de dettes, donc les plus grosses entreprises, les banques également, qui

---

1. Lire à ce sujet la tribune de Michael Vincent dans les colonnes du *Monde* (7 juillet 2020) : <https://www.lemonde.fr/idees/article/2020/07/07/europe-la-bce-doit-affirmer-son-independance-face-aux-marches-avec-des-outils-plus-directs-pour-ne-pas-repeter-les-erreurs-passees_6045438_3232.html>.

ont besoin de ces collatéraux, mais beaucoup moins sur les moyennes et petites entreprises qui n'émettent pas de dettes sur les marchés ou sur les petites entités financières. Sans même mentionner la principale inégalité, celle de chacun d'entre nous, qui ne profite que très indirectement de cette injection de monnaie, laquelle a tendance structurellement à bénéficier surtout aux plus aisés, ceux qui ont une activité sur les marchés ou des investissements immobiliers, au détriment des plus modestes qui ont vu les taux de leur petite épargne baisser.

Alors que la BCE peine à atteindre sa cible d'inflation ce qui n'est guère surprenant puisque la pression inflationniste a notamment pour origine les pressions sur les prix de l'énergie, et les outils actuels ne sont pas vraiment adaptés à la nature du problème, peut-être est-il temps pour elle d'arrêter de suivre les signaux du marché, tel « un singe qui aurait découvert son reflet dans le miroir et penserait, en découvrant la surprise de ce singe, qu'il reçoit de l'information nouvelle », pour citer le prix Nobel d'économie en 1970, Paul Samuelson. Par ailleurs, les pressions sur le marché de l'énergie alimentent les profits de certains, tout le monde n'y perd pas. Une sortie de la logique pro-marché est donc nécessaire.

Conclusion

Pourquoi prétendre à une politique monétaire neutre alors que les marchés ne le sont pas : ils consacrent la logique extractive, de domination, de compétition et de recherche du profit à court terme au détriment de la prospérité. Ce sont ces marchés qui soutiennent les hydrocarbures, faisant fi des limites du vivant et des ressources, faisant fi des inégalités, faisant fi des régimes politiques et des motivations, ou de l'usage de ces profits. La guerre lancée par Poutine début 2022 nous en offre une illustration macabre.

Dépasser le fantasme de la neutralité ?

Si cette monnaie et la tuyauterie monétaire ont servi de canadair et puisque, pour filer la métaphore, dans ces moments-là, on ne demande pas au pompier de compter l'eau qu'il utilise, il reste une évidence, tout cela s'est fait à dessein. Cela n'est jamais neutre, sur les inégalités et ceux qui profitent du « quoi qu'il en coûte » notamment. Dès lors, une autre évidence : puisque la monnaie est un moyen, pas une fin, puisque c'est un outil, de plus en plus utilisé pour tenter de sortir des crises avec plus ou moins de succès par ailleurs, pourquoi ne pas orienter la politique monétaire, voire la monnaie elle-même, vers l'une des plus grosses crises qui nous menacent : la crise climatique ? La stabilité financière, ou celle des prix, l'économie en général ne sont que peu de chose face au défi climatique et aux risques imbriqués, qui vont évidemment peser lourdement. Surtout, si la monnaie peut faire beaucoup pour financer la transition écologique afin d'anticiper ces crises, elle ne pourra pas grand-chose pour jouer les pompiers lorsque la trajectoire climatique aura atteint le point irréversible du non-retour. Et si la monnaie doit réellement être neutre, nous proposons qu'elle s'attelle à atteindre avant tout la neutralité carbone. Que la politique monétaire soit neutre pour la planète et pour le vivant.

La démocratisation de la politique monétaire est aussi une piste pertinente. Que diraient les citoyens s'ils étaient consultés ? C'est notamment l'objectif d'une initiative menée par les ONGs en 2021 sous le nom de la Banque citoyenne européenne, une sorte de convention citoyenne de la politique monétaire organisée en phases de dialogues et d'ateliers avec des experts de tous bords, dont des institutionnels, puis de consultations et d'élaboration de propositions pour la monnaie. Sans détailler ici toutes les propositions auxquelles nous renvoyons à la sagacité du lecteur curieux d'en savoir plus[1], il est intéressant d'observer que les propositions émises par les citoyens ont toutes en commun les deux fils rouges suivants : la non-neutralité de la monnaie, qui est un outil qu'il faut mettre au profit d'une fin démocratiquement décidée ; et l'urgence climatique, alimentée par le *business as usual*, qui nécessite de financer la transition, en orientant les flux financiers ou en ajoutant au mandat de la BCE un principe de non-nuisance, par exemple par l'instauration d'une interdiction de financer toute activité polluante ou écocide.

1. Banque citoyenne européenne, « L'heure du bilan », 22 décembre 2021 : <https://greentervention.org/2021/12/22/banque-citoyenne-europeenne-lheure-du-bilan/>.

Une nouvelle donne monétaire ?

Est-ce que cette donne monétaire est transitoire ou bien permanente ? La question se pose puisque la FED a déjà commencé ce que l'on appelle le « *tapering* », c'est-à-dire la fermeture du robinet du rachat de dettes. La BCE également, qui, si elle respecte ses annonces à l'heure où nous rédigeons ce livre, devrait stopper les rachats à l'heure où vous le lirez. Des signes montrent que la fenêtre d'opportunités pourrait se refermer face à l'inflation. C'est vrai, les taux montent et la France emprunte à des taux un peu moins farfelus que les taux négatifs, mais des taux pas inintéressants pour autant. Et comme souvent en finance, il faut regarder les choses de manière relative : le taux réel, c'est-à-dire la différence entre les taux d'emprunt et l'inflation, est par la force des choses très compétitif, encore plus que lorsque l'inflation était basse ! Cette normalisation des taux n'est pas forcément négative : elle va aussi dégonfler un peu la bulle des marchés puisqu'il existe une dualité entre le prix des actifs et le marché du travail, et forcer le capital à s'investir plutôt qu'à se placer est indispensable pour améliorer les conditions des travailleurs.

Cela ne doit pas empêcher de regarder le problème inflationniste pour ce qu'il est : il est avant tout dû aux pressions géopolitiques et énergétiques. La montée des prix est expliquée en majeure partie par le coût de l'énergie carbonée. Autant de raisons de penser économie circulaire et locale, et transition énergétique, pour la contenir comme il se doit. Pour se prémunir de la montée des prix, il faut enclencher une transition écologique et de justice sociale, avec en tête une politique énergétique ambitieuse et renouvelable ainsi qu'un investissement massif dans la recherche et l'innovation, et ce avant que ces coûts primaires ne s'étendent durablement cela a déjà démarré à l'alimentation, aux biens et aux services, tous tributaires de la montée des prix de l'énergie et des tensions géopolitiques.

Si la remontée des taux se matérialise au point de ne plus être tenable, il faudra enfin regarder en face les effets des dépenses de rattrapage des dernières années, et du côté de celles et ceux qui en ont profité. Les chiffres de l'augmentation des patrimoines des plus riches, des records de dividendes, des salaires des grands patrons et des bénéfices du CAC 40 donnent de bons indices, et appellent à la mise en place d'une justice fiscale. Dans le cas contraire, le coût de cette dette reviendrait, une fois encore, à permettre aux plus riches et aux plus puissants de s'enrichir, tout en socialisant les pertes. À l'aune également du défi climatique et de la corrélation directe entre niveau de revenu et empreinte carbone, il n'est pas seulement question de justice fiscale et sociale, mais aussi de justice climatique.

Il reste encore aujourd'hui une opportunité importante aux États de la zone euro notamment, et pour la France en particulier, pour emprunter et anticiper l'avenir. Le besoin structurel de *safe assets* pour le marché reste bien réel. Cette opportunité a déjà été partiellement exploitée pour financer la politique du « quoi qu'il en coûte », mais elle ne doit pas nous empêcher de penser à la qualité des dépenses sous-jacentes. Si elle a permis de compenser les pertes liées à la conjoncture sanitaire, ou les hausses de prix du pétrole, elle n'a en rien aidé à préparer l'avenir face aux défis, notamment climatiques et sociaux, au risque de les amplifier plus tard puisqu'en se plaçant en porte-à-faux avec les limites planétaires et climatiques. Il faut dépasser la réaction et entrer dans l'anticipation, pour ne pas gâcher cette opportunité budgétaire unique.

Il est enfin nécessaire de repenser la monnaie pour sortir de ce cercle risqué, sinon vicieux, de manière structurelle, et aussi pour pouvoir mieux réglementer le *shadow banking* et l'intermédiation pour définanciariser la monnaie. Il est évident que, si nous ne le faisons pas, la finance, comme la nature, ayant horreur du vide, l'industrie regardera d'elle-même les alternatives au *safe asset* pour l'intermédiation via la *blockchain*, risquant alors de priver les États des marges qu'ils ont aujourd'hui. Mais un tel démantèlement ne se fera pas en un jour, il n'y a d'ailleurs malheureusement que peu d'appétit apparent pour sortir de ce statu quo néolibéral ; mais s'il doit s'enclencher c'est bien dans cet ordre-là. Si nous ne sommes pas fondamentalement contre l'idée d'une annulation partielle de la dette, ou contre l'idée d'une monnaie libre de dette, nous alertons en revanche sur les risques de ces « options » tant que la monnaie reste autant financiarisée, et tant que la tuyauterie de la finance, de l'intermédiation, du *shadow banking*, de l'eurodollar, de la collatéralisation, fonctionnera ainsi. En effet, dans le système actuel, ces options vont conduire à chahuter la stabilité financière, et nous savons très bien qu'aux mêmes maux seront opposées les mêmes solutions : c'est-à-dire le « quoi qu'il en coûte » du pompier, qui va une fois encore nous enfermer dans la spirale que nous ne connaissons que trop bien depuis plusieurs décennies : des crises qui augmentent en fréquence et en intensité, et des dépenses de rattrapages plutôt que structurelles, qui font le lit de la prochaine.

Nous encourageons donc plutôt les gouvernements à profiter au maximum des marges de manœuvre budgétaires offertes par la conjonction de la suspension des règles budgétaires et de la dette attractive, pour pouvoir ensuite enclencher cette définanciarisation, cette nécessaire relocalisation de nos économies, de la prise en compte des limites planétaires, y compris dans la monnaie. Reconnaître que la neutralité de la monnaie n'existe pas, puisque la politique monétaire a été utilisée à escient pour maintenir les marchés et le statu quo. À l'occasion de la pandémie, beaucoup certains même avant se sont demandés si leur métier avait du sens. Si leurs entreprises créent des solutions pour répondre à des problèmes, ou si elles créent des solutions parce qu'il y a des entreprises à faire tourner ? Pour la monnaie, c'est la même chose : il faut y remettre du sens.

La pénurie de *safe assets* n'est que le symptôme d'une défaillance globale des institutions. Notre crise est une crise de confiance. La confiance en la monnaie n'est que le côté pile de la confiance envers la politique. Une refondation de notre système monétaire ne passera que par une refondation de notre modèle de société. Mais après tout, peut-être que la solution est à l'intérieur du problème. La financiarisation de la monnaie est peut-être l'opportunité de démocratiser la création monétaire, autrefois monopole des États, puis des banques, maintenant accessible à des *non-banks*. La tâche qui nous incombe est de repenser notre architecture monétaire, afin de financer les activités non rentables, mais socialement utiles et responsables face aux limites de la Terre et du vivant. Sortir à terme du « tout finance » car il y a des investissements indispensables pour notre survie et une trajectoire climatique soutenable qui ne seront jamais « rentables » au sens de l'Ancien Monde. La plomberie financière actuelle nous en offre la possibilité, il ne nous reste qu'à en redéfinir les contours en fonction des contraintes de notre époque.

Le changement est déjà en marche. L'hégémonie du dollar s'affaiblit. La géopolitique des blocs évolue, notamment à cause de l'attitude russe. Face aux sanctions, la fragmentation de la finance mondiale et l'émergence de nouveaux blocs s'accélèrent, avec des alternatives au dollar, aux banques, aux systèmes de paiement qui se développent. Tandis que beaucoup de pays émergents augmentent leurs réserves en monnaies étrangères autres que le dollar pour pallier leurs difficultés d'accès au dollar, le yuan se numérise en attendant son heure de gloire. De notre côté, le dollar comme l'euro sont également en passe de se numériser : loin d'être un gadget, un euro « numérique » permettrait d'offrir des alternatives à l'usage du canal bancaire, aux systèmes de paiement classiques, ou d'ouvrir la porte à de nouveaux outils pour exercer la politique monétaire. Les institutionnels entament des réflexions qui sortent de plus en plus de l'orthodoxie habituelle et se permettent une autocritique. Janet Yellen par exemple, secrétaire au Trésor des États-Unis et ancienne présidente de la FED, appelle à un nouveau Bretton Woods ainsi qu'à une refonte du FMI et de la Banque mondiale, piliers du système monétaire international actuel. Kristalina Georgieva, directrice générale du FMI, a même laissé entendre en avril 2022 que les réflexes de gestion des crises des institutionnels sont un peu courts de vue et trop « réactifs », ne pensent aux conséquences long terme, déclarant même : « Nous avons imprimé trop de monnaie sans penser aux conséquences plus générales », comparant les institutionnels à des enfants de 8 ans courant après la balle sans penser à occuper tout le terrain. L'espoir d'une réforme est donc permis. Ne nous faisons pas confisquer le débat, bien qu'il soit technique. C'est l'enjeu de ces prochaines années, également en tant que facilitateur de la transition écologique, tant ce système, qui a vécu, a nourri le dérèglement climatique et encouragé l'inertie mortifère.

Et si la dette vous angoisse toujours, si à court terme, il y a des inquiétudes à avoir autour de la dette, elles sont assurément plutôt du côté de la dette privée : une dette beaucoup plus volatile, à des taux beaucoup plus variables, et qui représente dans le monde l'essentiel des créances pour 300 000 milliards de dettes à l'échelle mondiale, soit plus de trois fois le revenu annuel, la dette publique représente moins d'un tiers du total.

« Les crises de demain sont souvent le refus des questions d'aujourd'hui », Patrick Lagadec

Quand une génération vit en temps de crise, son obsession est d'en comprendre la cause et d'en traiter les maux. Notre tâche collective est de se réapproprier les outils pour comprendre, et d'accompagner les changements de notre temps. Le plus grand défi qui se présente devant nous est sans conteste la transition écologique, et il nous incombe de l'utiliser pour résoudre les contradictions de nos systèmes défaillants. Nous avons tenté de dépeindre dans cet essai la cause principale des dysfonctionnements économiques et financiers, qui est selon nous une crise monétaire. Crise dont la pénurie d'actifs sûrs est la partie immergée, tandis que la dette publique est la partie émergée. Pour résoudre ce problème, les régulateurs et banquiers centraux ont tenté, une décennie durant, de retirer la dette publique des marchés (Bale III et QE) et de la substituer par la dette privée. Or tout cela a fait monter le prix des actifs financier (actions de sociétés, immobiliers, dettes d'entreprises…), ce qui a concentré la richesse dans les mains de ses détenteurs, sans en démocratiser la propriété, et au détriment des travailleurs. Les dettes publiques et privées ont explosé, au risque d'une crise d'insolvabilité pouvant dévaster l'économie mondiale entière, tandis que les investissements continuent largement de pointer en direction des activités néfastes pour le vivant, la planète et le climat.

En forçant la stabilité d'un système instable, on ne fait que fragiliser ses fondamentaux et accentuer ses contradictions. Dans une étude sur la « satisfaction démocratique », l'université de

Cambridge[1] nous montre que le lien entre l'instabilité financière et l'instabilité politique est une dynamique destructrice. Comme nous l'enseigne Michel Aglietta, « toute crise monétaire est une crise politique ».

Pouvons-nous assembler deux problèmes pour créer une solution, à savoir résoudre la pénurie de *safe assets* à l'aune de la crise climatique, et permettre la transition écologique par l'architecture monétaire ?

Au lieu d'accepter que les *hedge funds* se refinancent avec des dettes d'entreprises ou immobilières de plus en plus risquées et offrant de moins en moins de rendements, pourquoi ne pas les pousser à utiliser des dettes écologiques, ce qui garantirait la liquidité de ces dernières, et donc des financements pour la transition ?

---

1. The Global Satisfaction with Democracy Report 2020, Bennett Institute for Public Policy (*cam.ac.uk*).

Pourquoi faire des trillions de *quantitative easing* sur des dettes publiques, en très forte demande, et non pas un *qualitative easing* sur des dettes écologiques concernant des engagements environnementaux ? Pourquoi ne pas utiliser les réserves créées par la Banque centrale qui dorment dans des comptes en banque et contraignent leurs bilans pour financer des investissements ESG ?

Que ce soit par la comptabilité, les réglementations, ou la composition des bilans, nous devons repenser toute l'infrastructure financière par les besoins qu'impose la transition. Le problème n'est pas d'ordre technique, il est d'ordre politique. Comme nous le prouvent actuellement les relations internationales, si on ne s'occupe pas de la politique, la politique s'occupera de nous.

La guerre en Ukraine aura acté la séparation entre un néo-bloc à l'Ouest, autour des États-Unis, et un bloc sino-russe. Tandis que le premier base ses échanges majoritairement sur le dollar, le second se « dédollarise » et s'oriente progressivement vers un retour à une monnaie basée sur les matières premières, le *safe asset* ultime quand la confiance est rompue. Pourquoi ? Car c'est l'avantage stratégique de ce bloc : militariser financièrement ses matières premières. L'inflation que nous vivons à l'Ouest est une instabilité des prix causée par une instabilité financière ET géopolitique. C'est pourquoi la rareté progressive des ressources dans le bloc de l'Ouest risque d'être permanente car, comme l'a déclaré un analyste du Credit suisse dans une recherche intitulée « Money, Commodities and Bretton Woods III[1] » : « Le nouvel ordre du monde va amener un nouveau système monétaire Bretton

1. Pozsar Zoltan, « Money, Commodities, and Bretton Woods III », 2022, *op. cit.*

Woods III. […] La nouvelle trinité de Bretton Woods III sera : “Nos produits, votre problème”. »

Allons-nous choisir la forme de ce Bretton Woods III et établir un *safe asset* commun, ou allons-nous subir ce nouveau système monétaire et ainsi craindre le pire ?

Nos monnaies : nos problèmes ou nos solutions ?

Pour aller plus loin, retrouvez une note de
Dorian Simon et Michael Vincent
à paraître en septembre 2022 sur
www.jean-jaures.org

Table des matières

Reconnue d'utilité publique dès sa création, la Fondation Jean-Jaurès est la première des fondations politiques françaises. Indépendante, européenne et sociale-démocrate, elle se veut depuis trente ans un lieu de réflexion, de dialogue et d'anticipation. Les partenariats éditoriaux qu'elle engage répondent à l'ambition de faire naître analyses pertinentes et propositions audacieuses, mais aussi de mettre cette production intellectuelle et politique au service de tous. Gilles Finchelstein et Laurent Cohen sont directeurs des publications de la Fondation Jean-Jaurès.

Dans la même série, en coédition avec la Fondation Jean-Jaurès

Jean Viard, *Un nouvel âge jeune ? Devenir adulte en société mobile*

Ismail Ferhat, *Des discriminations sous-estimées ? Les musulmans en France*

Julien Damon, *Inconfinables ? Les sans-abri face au coronavirus*

Emmanuel Dupont, Édouard Jourdain, *Les nouveaux biens communs ? Réinventer l'État et la propriété au XXIe siècle*

Adeline Hazan, Adrien Taquet, *La Prison, alpha et oméga de la punition ?*

Rémi Lauwerier, Théo Verdier, *Des Européens éco-anxieux ? Le changement climatique à l'épreuve du quotidien*

Chloé Morin, Daniel Perron, *Être vieux : relégation ou solidarité ?*

Denis Maillard, *Indispensables mais invisibles ?*

Antoine Bristielle, *À qui se fier ?*

David Ménascé, Pierre Victoria, *Entreprises et territoires : nouvelle alliance ?*

Iannis Roder, *Prof, mission impossible ?*

Sarah Proust, *Télétravail : la fin du bureau ?*

Vincent Aubelle, Émeric Bréhier, Jean-Paul Planchou, *Comment fonder la République décentralisée ?*

Rémi Lauwerier, Théo Verdier, avec Yana Prokofyeva, *Des Européens éco-anxieux ? Le changement climatique à l'épreuve du quotidien*

Pour limiter l'empreinte environnementale
de leurs livres, les éditions de l'Aube
font le choix de papiers issus de forêts
durablement gérées et de sources contrôlées.

Achevé d'imprimer en août 2022
sur les presses de l'imprimerie Pulsio
pour le compte des éditions de l'Aube
331, rue Amédée-Giniès,
F-84240 La Tour d'Aigues

Numéro d'édition : 5112
Dépôt légal : septembre 2022
Numéro d'impression :

Imprimé dans l'Union européenne